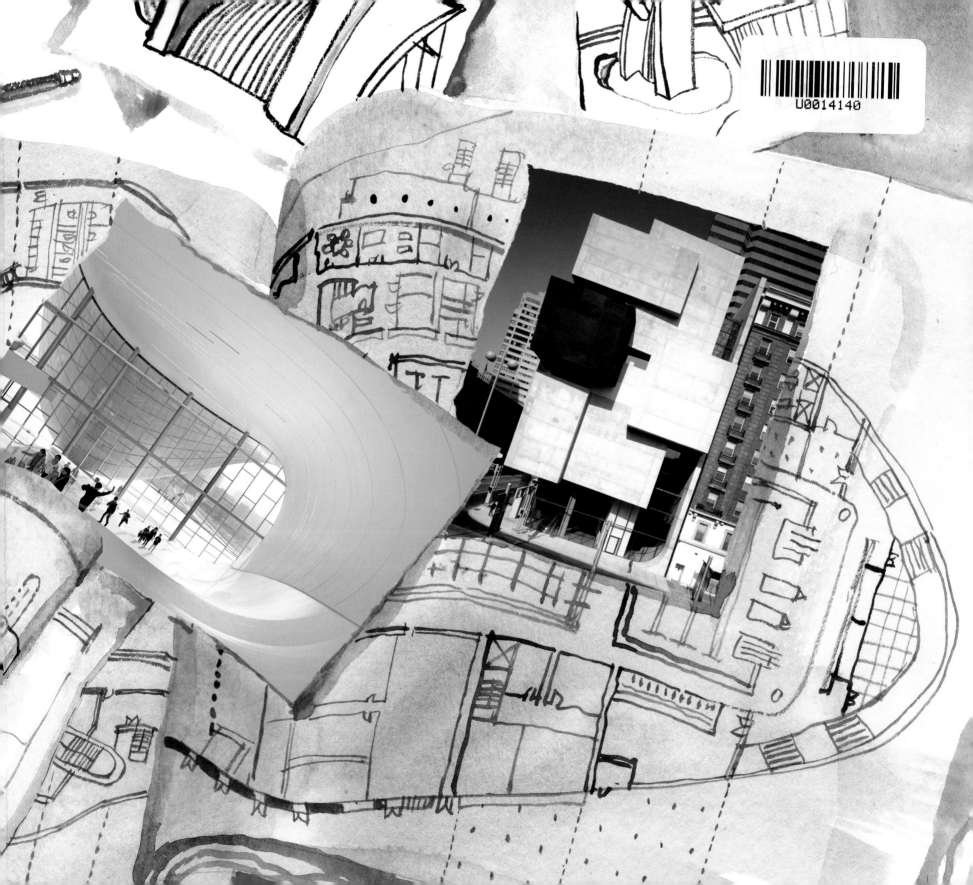

建築 女帝

札哈‧哈蒂的故事

Building Zaha

The Story of Architect Zaha Hadid

你必須有一個目標。

這目標或許會轉移，但是你一定得擁有一個目標。

——札哈 · 哈蒂

維多利亞·田得樂 - 克里洛芙 VICTORIA TENTLER-KRYLOV ／文圖

周惠玲／譯

札哈·哈蒂喜歡思考和觀察，而且她一刻也靜不下來。少女的時候，她很愛去巴格達城附近的宮殿和清真寺探索，看著陽光從窗戶流瀉進來，形成光影，在屋內移動、跳躍，宛如水波紋。

札哈也愛看書到很晚，有一次她讀到，
人們如何在蘇美濕地上建造出浮在
水面的房子，就決定去親眼見證。
札哈跟父親旅行到蘇美，看著廣大
的潮濕沼澤、蘆葦和野草，
搖曳，流動。

那景象太美了——極致的和諧——而且沒有一刻是
靜止的。札哈心想,究竟是生活在巴格達這樣的
現代都市好呢,還是自然鄉野好?

有一次，札哈的親戚來她家，他們興奮的展示新房子的建築模型。大人不准札哈去觸摸那個模型，可是她的目光怎麼也無法離開它。它真像一間可以玩的娃娃屋，但是比娃娃屋更豐富。讓札哈的腦海中不停蹦跳出各種關於設計、模型和結構的點子。

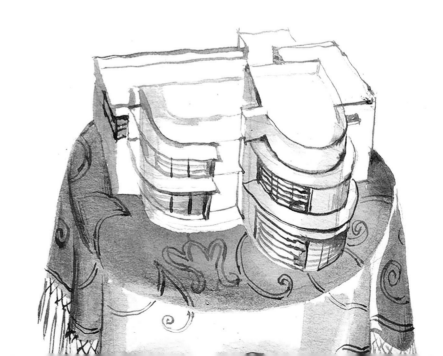

札哈為自己設了一個目標,並立刻行動。家人發現她似乎正在進行大計畫。她哥哥猜:「你打算當伊拉克第一個女太空人!」可是札哈想的不一樣。「我想當建築師。」她宣布。她想探索的,是另一種空間。

札哈著迷的探索各種建築空間，每一棟出現眼前的建築物，她都會停下來觀賞，腦海浮現它們的模型和結構。如果手上沒有素描本可以畫下來，她就會在心中仔細計算。札哈喜愛數學，她覺得解數學題就像設計房屋一樣。這兩件事都具有創意和挑戰性，而且她都很喜歡！札哈在貝魯特取得數學學位，好為下一個目標做準備。

全心研究建築的時候到了。札哈收拾行李，搬到倫敦去；那裡不停下雨，可是札哈不在乎——反正她也沒空去曬太陽。她整天都待在研究室裡，連續幾小時畫設計圖、閱讀和思考。

札哈不怕開口問問題和找解答，也不怕去挑戰規則。就連她的工作方法也跟別人不一樣。「看她畫樓梯的方式，你會驚訝得下巴掉下來。」有一位教授說。可是札哈知道，細節是可以修正的。她想得沒錯。札哈的夢想很遠大，而且她敢改變傳統。她伸手抓起畫筆和顏料，變出傾斜、搖擺、飄浮在空中的結構體。

札哈讓她的教授們大為驚艷，其中有兩位在她畢業後聘僱她。札哈為公司帶來許多新點子——各方面都是。她喜歡挑戰規則，而且捍衛自己的想法，一如她總穿著絢麗、奇特的高跟鞋，但又穩穩站立著。「大家總是假設，如果穿得像男人，人們就會更尊敬你，」她說，「其實你根本不需要看起來呆板才能顯得專業。」

過了三年，札哈創立自己的工作室，她比以前更賣力工作。「我不時都在思考建築……有時連作夢的時候也是。」她說。札哈開始在英格蘭揚名了。人們談論她那些非典型的創意和繪畫，但還沒有人聘請她去設計房屋。

所以札哈開始參加設計競賽。有一場比稿，是為香港的一間飯店和運動俱樂部做設計。她畫出整座島嶼，而她所設計的建築就棲息於群山之間。札哈稱它「五彩繽紛的暴風雪」，這一創新設計讓她擊敗眾多頂尖的建築師，獲得第一名。可是飯店業主覺得這個設計太複雜，蓋不出來，就刷掉這個設計案。雖然札哈贏得競賽，卻沒有辦法達成目標。

札哈並沒有因而退卻。她繼續努力，直到有一天，有一位德國客戶打電話來問：「札哈，你可以設計一間消防局嗎？」可以！她決定讓那棟建築看起來像一隻展翅起飛的鳥。人們覺得這個設計大膽到難以置信，不斷稱讚札哈。終於，札哈有一件設計案變成實體了。

成功帶來了更多批評的聲浪。札哈繼續努力工作，但批評者堅稱她是誤入歧途，會變成「紙上建築師」，也就是紙上談兵卻無法落實。這些意見真的是針對她的設計嗎？或者是因為她與眾不同，所以可以任意批評？對於這些批評，札哈通常都不認同，所以她必須比大多數人更強悍、對自己所想像的景象更有信心。

邁向下一個挑戰！札哈被聘請去奧地利建造一個複合住宅區，那個建地的環境很複雜，而且交錯重疊著許多障礙物！當札哈畫草圖時，她回想起童年見過的蘇美沼澤。於是她描繪出一種有如水波蕩漾的和諧景致，交融於人工建築和野草、水澤、疾風之間。

她 能夠讓這個
建築案呈現出同樣景
象嗎？有可能在一個被分割
得如此凌亂的
地理空間裡，
創造出極致的
和諧嗎？札哈
提出一個大膽
計畫。

她所建造出來的，不是
一棟建築，而是一組三落的建築，
各自獨立，但又交融為一體。

這些建築不僅是
美麗而已，它們
也讓周遭的一切更為
美麗。

札哈下一個大目標，是去美國完成一個大設計案。她等待著完美的時機，而這個機會也終於到來：俄亥俄州一間藝術博物館的設計競賽。札哈將這棟藝術中心設計成有如懸浮在空中的一堆水泥方盒。這設計無人匹敵！她贏了這個設計案。札哈成為第一位在美國設計博物館的女性。她所設計的這棟建築也激發了很多藝術家的靈感，他們甚至特地為這間美術館而創作。

札哈終於走出自己的路，引領風潮。客戶蜂擁而來，聘請她設計；其他建築師研究她的作品；而學生們夢想到她的工作室工作。札哈不時得把她的五彩絲巾、叮鈴作響的珠寶丟進手提箱裡，搭機飛到法國、新加坡或中國去進行設計案，有時甚至是緊急邀約。

全世界的人都停下腳步，觀賞她所
創造的建築和模型。

ZAHA HADID

如今已經有數百棟建築物署名她所
設計，在維也納和紐約，更有成千上
萬的人排隊觀賞她的設計作品展。
札哈成為最年輕的普立茲克獎得主，
那是建築界的最高榮譽。

不管是位於何處的設計案，札哈總是努力達成兩個目標。第一是人與環境之間的和諧。另一個是傳達出改變、律動與永不停歇的感覺。這是因為她忘不了童年在蘇美沼澤間的探險嗎？還是在巴格達宮殿和清真寺裡看見的光與影嬉戲呢？札哈微笑，她從不解釋為何她的建築物看起來是那樣。那些建築會自己解釋。

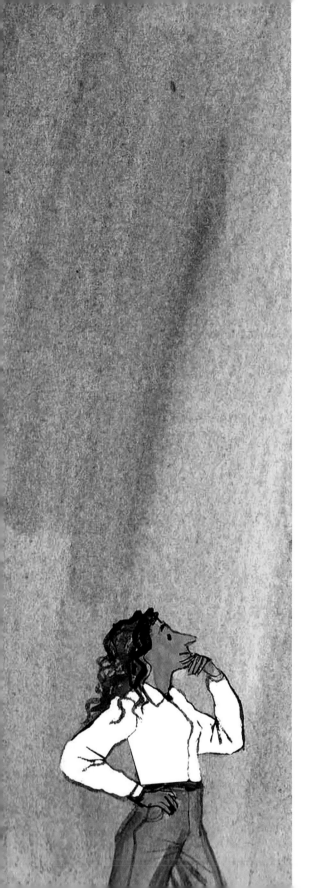

作者後記

　　我從兩歲時開始畫房子——屋頂的形狀很怪異，牆壁是圓的，而且有數不清的窗戶。我很喜歡畫這些房子，也愛為住在這些房子裡的那些人與動物寫故事。在明白了我能以此維生時，我的人生目標也就確立。1992年，當我的家族從俄國移民到紐約以後，我就進入建築學院就讀。我學會了，建築並不只是把房子畫得漂亮而已——好的設計會釐清問題，並提供解決方案。因此，建築學有時感覺很像是數學。我喜愛這樣，即使數學並不是我的強項。

　　我開始研究世界各地的現代建築——特別是札哈所設計的。那時，札哈已經走出自己的路來，不斷贏得競賽。看著她的設計創意變成實體，我不僅是受到激勵而已。它還召喚我去行動。札哈在遙遠地方，為我樹立了典範……

- ◆ 如何從競賽中脫穎而出（她不斷創造更具原創性、更大膽的解決方案；她總是在實驗，從不自我重複）。

- ◆ 如何支持並激勵你的合作夥伴（她的團隊往往經過多年打拼，才能看見一件設計案落實完工）。

- ◆ 如何在一個歧視女性的產業中，不屈不撓、堅持到底（明明她的個性愛嬉鬧、待人溫暖寬厚，可大眾媒體總是將她形容成「可怕的天后」，事實上，她必須比任何男性建築師都要強悍，才能獲得成功）。

- ◆ 如何擁抱數位再造（她是最早使用數位的先鋒，而且很快就發現，電腦科技會對建築與結構產業帶來機會與衝擊。）

　　2016年當札哈去世時，手上還有36個設計案在進行。其中有一個位於紐約的西28街520號，被暱稱為札哈·哈蒂大樓。我經常站在大樓前方的人行道上，看著它，完全迷失在那難以置信的幾何立面中——如此簡潔，又如此繁複。從街道的角度很難完整觀賞它，所以我常爬樓梯上高線公園，這座空中高架橋公園會經過大樓旁邊。當我沿著公園步道越走越近時，大樓獨特的交互鎖鍊窗也一覽無遺。對我來說，它不只是一座大樓，也不只是一件大設計案，甚至也不僅僅是一個藝術品而已。它是一個提問，也是一個回答。除了它之外，我想像不出其他更適合這裡的存在物。

　　我希望札哈能親眼看見它。不過，或許她已經看過了，早在其他所有人之前。

札哈‧哈蒂簡要年表

札哈‧哈蒂，攝於1956年。

1950.10.31——出生於伊拉克巴格達。

1972——在黎巴嫩貝魯特的美國大學取得數學學位，隨後移居英國倫敦，就讀建築聯盟
學院。

1977——以優異成績取得文憑獎畢業，進入荷蘭鹿特丹的大都會建築事務所，在雷姆‧
庫哈斯和埃利沙‧真希利斯兩位教授底下工作。

1980——離職並在英國倫敦開設自己的工作室：札哈‧哈蒂建築事務所。

1982——贏得香港山頂酒店與運動俱樂部的設計競賽，這讓她嶄露頭角，成為眾所矚目
的設計師，雖然這一設計案始終沒能實際施工。

1990-1993——設計維特拉消防局，這棟位於德國萊茵河畔魏爾市的建築，是她第一件
完工的建案。

1994-2006——設計位於奧地利維也納的司皮特勞高架橋住宅區。

1997-2003——贏得俄亥俄州辛辛那提市的羅森塔當代藝術中心設計競賽，成為美國境
內首位設計博物館的女性。

2004——獲頒普立茲克建築獎，成為第一位獲得該獎的女性、伊拉克人、回教徒，也是
史上最年輕的得獎人。

2006——札哈三十年作品回顧展在美國紐約市的古根漢博物館展出。

2012——獲英國女王頒贈「女爵士司令」榮譽頭銜。

2016.3.31——逝世於美國佛羅里達州。

2011年札哈‧哈蒂攝於倫敦的辦公室（上圖），以及2014
年她參加由她所設計的斯圖爾特‧偉茲曼旗艦店開幕典禮
（下圖）。

獻給我的父母，
他們的好奇心與創造力
形塑了我。也獻給札哈，
她是那道亮光。——維多利亞·田得樂-克里洛芙

Thinking 063
建築女帝：札哈·哈蒂的故事 Building Zaha : The Story of Architect Zaha Hadid
文圖｜維多利亞·田得樂 - 克里洛芙 Victoria Tentler-Krylov　譯者｜周惠玲
社長｜馮季眉　編輯總監｜周惠玲　責任編輯｜李晨豪　編輯｜戴鈺娟、徐子茹　美術設計｜張簡至真
出版｜字畝文化　發行｜遠足文化事業股份有限公司　地址｜231 新北市新店區民權路 108-2 號 9 樓
電話｜(02)2218-1417　傳真｜(02)8667-1065　電子信箱｜service@bookrep.com.tw　網址｜www.bookrep.com.tw
讀書共和國出版集團　社長｜郭重興　發行人兼出版總監｜曾大福　印務經理｜黃禮賢　印務主任｜李孟儒
法律顧問｜華洋法律事務所　蘇文生律師　出版日期｜2021 年 1-月　初版一刷　定價｜350 元　書號｜XBTH0063　ISBN｜978-986-5505-28-8

特別聲明：有關本書中的言論內容，不代表本公司／出版集團之立場與意見，文責由作者自行承擔。